AF348131

COLLECTION MNISZECH

Monnaies & Médailles

LIVRES DE NUMISMATIQUE

PARIS, 1902

Collection Mniszech

CATALOGUE

DES

MONNAIES

GRECQUES ET ROMAINES

EN OR, ARGENT ET BRONZE

Médailles françaises et étrangères

LIVRES DE NUMISMATIQUE

DONT LA VENTE

Par suite du décès de M. le Cte Léon Mniszech

AURA LIEU A PARIS

HOTEL DROUOT, SALLE N° 9

Le Jeudi 17 Avril 1902

A DEUX HEURES

<table>
<tr><td>COMMISSAIRE-PRISEUR</td><td>EXPERTS</td></tr>
<tr><td>Me PAUL CHEVALLIER</td><td>MM. ROLLIN & FEUARDENT</td></tr>
<tr><td>10, rue Grange-Batelière, 10</td><td>4, rue de Louvois, 4</td></tr>
</table>

CONDITIONS DE LA VENTE

La vente aura lieu au comptant.

Les acquéreurs payeront *dix pour cent* en sus des adjudications.

MONNAIES D'OR & D'ELECTRUM

GRECQUES

1 — **Panorme** ou **Carthage**. Tête de Cérès. ℞ Cheval debout. — **Syracuse**. Tête d'Apollon. ℞ Lyre. EL. 2 p.

2 — ΚΟΣΩΝ. Brutus et les licteurs. ℞ Aigle. OR. B.

3 — **Alexandre le Grand**. Tête de Pallas. ℞ Victoire (fabrique barbare). OR. B.

4 — **Eupator,** roi du Bosphore. Buste du roi. ℞ ΑΝΥ. Tête d'Antonin. EL. B.

5 — **Sauromates III**. Buste du roi. ℞ ΓΦ. Tête de Septime Sévère. EL. B.

6 — **Rhescouporis III**. Buste du roi. ℞ ΒΙΦ. Tête de Caracalla. EL. B.

7 — La même pièce, avec ΔΙΦ. — Fragment de la même pièce. EL. B. 2 p.

ROMAINES

8 — **Néron et Agrippine jeune**. Leurs têtes accolées. ℞ Néron et Agrippine dans un char à gauche. OR.

9 — **Titus.** Sa tête à droite. ℞ La Fortune debout à gauche. OR.

10 — **Adrien.** Sa tête à droite. ℞ IVSTITIA AV.G. La Justice assise à gauche. OR. T. B.

11 — **Adrien.** Son buste à droite. ℞ COS. III. L'empereur à cheval à droite. OR.

12 — **Antonin.** Sa tête à droite. ℞ TR. POT. COS. II. La Piété debout à gauche. OR. T. B.

13 - **Hostilien.** Son buste à droite. ℞ PRINCIPI IVVENTVTIS. Le prince debout à gauche. Pièce trouée, très rare. Fruste. OR.

14 — **Constance II.** FL. IVL. CONSTANTIVS. PERP. AVG. Son buste diadémé à gauche. ℞ GLORIA ROMANORVM. A l'exergue : S. M. ANT. La ville de Constantinople, assise à gauche, tenant la Victoire, le pied gauche posé sur une proue de vaisseau (poids, 19 gr. 5 cent. ; 5 sous d'or). Très rare. Fruste. Médaillon. OR.

15 — **Constance II.** Buste à droite. ℞ VICTORIAE D. D. N. N. AVGG. Deux Victoires portant un bouclier. OR.

16 — **Valentinien I**er. Son buste à droite. ℞ VICTORIA AVGG. Deux empereurs assis. OR. B.

17 — **Valentinien III.** Son buste à droite. ℞ VICTORIA AVGGG. Valentinien debout. OR. B.

18 — **Honorius.** Son buste à droite. ℞ Même légende et même type. OR.

19 — **Zénon**. Son buste de face. ℞ VICTORIA ANGGG. Victoire debout. — Autre, même type, tiers de sou barbare. OR. 2 p.

20 — **Théodose II**. Son buste de face. ℞ Rome assise. OR. T. B.

21 — **Maurice Tibère**. Sou et tiers de sou frustes. OR. 2 p.

22 — **Focas**. Son buste de face. ℞ VICTORIA AVGG. Victoire debout de face. OR. T. B.

23 — **Constant II**. Son buste de face. ℞ VICTORIA, etc. Croix sur des degrés. OR.

24 — **Constant II et ses fils**. Buste de Constant II et de Constantin IV, de face. ℞ VICTORIA, etc. Héraclius et Tibère debout. OR. 2 p.

25 — **Constantin IV. Pogonat**. Son buste armé de face. ℞ Ses deux frères debout. OR. B.

26 — **Léon III**. Son buste jeune de face. ℞ VICTORIA, etc. Croix sur des degrés. OR.

27 — **Théophile, Michel et Constantin**. Buste de Théophile de face. ℞ Bustes de Michel et de Constantin. OR.

28 — **Basile II et Constantin XI**. Leurs bustes de face. ℞ Buste du Christ. OR.

29 — **Jean I. Zimiscès**. Son buste de face, couronné par la Sainte-Vierge. ℞ Buste du Christ. OR.

3o — **Théodora**. Son buste de face, tenant un globe et un sceptre. ℞ Buste du Christ. Rare, légende barbare. Pièce trouée. OR. B.

3 1 — **Constantin XIII. Ducas.** L'empereur debout de face. ℞ Le Christ assis de face. OR. 2 p.

3 2 — **Eudocie, Romain IV et sa famille.** Trois figures debout de chaque côté de la médaille. OR.

33 — **Michel VII.** Son buste de face. ℞ Buste du Christ de face. OR.

34 — **Jean II.** L'empereur debout de face, couronné par la Sainte-Vierge. ℞ Le Christ assis de face. OR. 3 p.

35 — Monnaies concaves avec légendes effacées. OR. 3 p.

3G — Quatre petites pièces arabes, russes, etc. 6 grammes. OR. 4 p.

3 7 — **Bérénice, femme de Ptolémée III.** Tête de Bérénice à droite. ℞ ΒΑΣΙΛΙΣΣΗΣ ΒΕΡΕΝΙΚΗΣ. Corne d'abondance. Charmante petite pièce de coin faux. OR.

38 — **Métaponte et Panticapée.** Pièces fausses (2 1 gr.). OR. 2 p.

MONNAIES D'ARGENT ET DE BRONZE

GRECQUES

39 — **Agrigente**. Aigle à droite. ℞ Crabe. Tétradrachme. AR.

40 — **Panorme**. Tête d'Hercule jeune à droite. ℞ Légende phénicienne. Buste de cheval à gauche; derrière, un palmier. Tétradrachme. AR.

41 — **Marseille, Naples, Velia, Cromna**. AR. 4 p.

42 — **Macédoine**. Tête de Diane. ℞ Massue. — **Alexandre le Grand**. Tétradrachme. AR. 2 p.

43 — **Mithridate VI**. Sa tête à droite. ℞ Cerf. Fabrique barbare. Tétradrachme. AR.

44 — **Cos**. ΚΟΣ. Athlète debout de face, s'apprêtant à lancer le disque; derrière, un trépied. ℞ Crabe au milieu d'un carré creux. Rare. Tétradrachme. AR.

45 — **Antiochus VIII, Antiochus X**. ℞ Jupiter assis. Tétradrachme. AR. 2 p. B.

46 — **Jugurtha**. — **Juba I**. AR. 2 p. B.

47 — Monnaies grecques diverses (728 grammes). AR. 135 p.

48 — **Rois Parthes.** AR. 38 p.

49 — **Rois Sassanides.** AR. 12 p.

5o — Monnaies diverses, médaillons, etc. Coins faux ou pièces coulées (689 grammes). AR. 44 p.

51 — Monnaies grecques de bronze, classées, vendues en bloc avec leurs cartons. Æ. 310 p.

52 — Monnaies grecques diverses. Æ. 280 p.

53 — Autre lot, monnaies grecques frustes ou fausses. Æ. 450 p.

ROMAINES

54 — **Lépide et Octave.** Tête de Lépide à droite. ℞ Tête d'Octave. AR.

55 — **Plotine.** PLOTINA AVG. IMP. TRAIANI. Son buste à droite. ℞ CAES. AVG., etc. Vesta assise. AR. B.

56 — **Dide Julien.** ℞ RECTOR ORBIS. AR. 1 p. — ℞ La Fortune. G. B. 1 p.

57 — **Pertinax.** ℞ PROVID. DEORVM. AR. B.

58 — **Pertinax.** ℞ AEQVIT. AVG., etc. AR. 1 p. — ℞ La Providence. M. B. 1 p.

59 — **Plautille.** ℞ CONCORDIA. AR. 2 p.

6o — **Macrin.** AR. 8 p.

61 — **Aquilia Severa**. AR. 3 p.

62 — **Orbiane**. ℞ CONCORD. AVGG. AR.

63 — **Balbin**. AR. 2 p.

64 — **Hostilien, Emilien, Mariniane**. BIL. 10 p.

65 — **Magnia Urbica, Nigrinien**. P. B. 3 p.

66 — **Dioclétien, Maximien Hercule, Constance Chlore, Constantin I**. AR. 6 p.

67 — **Valérie, Romulus**. M. B. et P. B. 5 p.

68 — **Constance II**. AR. 6 p.

69 — **Julien II, Valentinien I, Valens, Gratien**. AR. 7 p.

70 — **Valentinien II, Théodose I**. AR. 6 p.

71 — **Victor**. AR. B.

72 — **Eugène**. AR. T. B.

73 — **Constantin III, Jovin**. AR. 2 p.

74 — **Magnus Maximus, Honorius, Valentinien III, Arcadius**. AR. 4 p.

MONNAIES DIVERSES VENDUES EN LOTS

75 — Monnaies de la République romaine. AR. 65 p.

76 — D'Auguste à Maximien I. AR. 100 p.

77 — Idem. AR. 100 p.

78 — Idem. AR. 100 p.

79 — Idem. AR. 100 p.

80 — Idem. AR. 100 p.

81 — Idem. AR. 100 p.

82 — Idem. AR. 100 p.

83 — Idem. AR. 100 p.

84 — Idem. AR. 93 p.

85 — De Gordien III à Postume. BIL. 147 p.

86 — Monnaies byzantines. AR. 18 p.

87 — D'Auguste à Postume. G. B, 279 p.

88 — D'Auguste à Gallien. M. B. 264 p.

89 — De Dioclétien à Honorius. M. B. 110 p.

90 — D'Auguste à Arcadius. P. B. 374 p.

91 — Monnaies byzantines de divers modules. BR. 87 p.

92 — Monnaies frustes ou fausses. BR. 180 p.

93 — Pièces fausses. AR. et BR. 18 p.

94 — As romains et divisions. BR. 15 p.

95 — Monnaies polonaises. Écus. AR. 5 p.

96 — Monnaies françaises et étrangères. Écus et divisions. AR. 19 p.

97 — Monnaies françaises et étrangères. BIL. 24 p.

98 — Monnaies françaises et étrangères. Cu. 550 p.

99 — Monnaies polonaises. BIL. 158 p.

100 — Monnaies arabes. BIL. ou Cu. 34 p.

101 — Médailles françaises et étrangères. AR. 19 p.

102 — Médailles françaises et étrangères. Fer de Berlin et BR. 125 p.

103 — Deux loupes montées sur cuivre et sur corne.

104 — Billets de banque polonais, n'ayant plus cours. 6 p.

LIVRES DE NUMISMATIQUE

105 — **Banduri**. Numismata imperatorum romanorum, etc. Paris, 1718. 2 vol. in-f°, rel.

106 — **Beger**. Thesaurus brandenburgicus : gemmarum
et numismatum græcorum, etc. 1 vol. in-4°, rel.,
tranches dorées.

107 — **Brenner**. Thesaurus numorum sueo-gothicorum.
Stockholm, 1731. 1 vol. in-4°, rel.

108 — **Castelli**. Siciliæ populorum et urbium, etc.
Panorme, 1781. 1 vol. in-f°, br.

109 — **Cohen**. Monnaies de la République romaine.
Paris, 1857. 1 vol. in-4°, rel.

110 — **Cohen**. Monnaies frappées sous l'Empire romain.
1re éd. Paris, 1859, t. I à V. 5 vol., br.

111 — Tome V du même ouvrage. 1 vol., br.

112 — **Combe** (**C**.). Musée Hunter. Londres, 1782. 1 vol.
in-4°, cart.

113 — **Cristiani**. Thesauri britannici pars prima. Vienne,
1762. 1 vol., rel.

114 — **Eckhel**. Doctrina numorum veterum. Vienne,
1792. 8 vol. in-4°, cart.

115 — **Goltzius**. Græciæ ejusdem insularum et Asiæ-Minoris numismata. 1 vol. in-f°, rel.

116 — **Hirsch**. Bibliotheca numismatica. Nuremberg, 1770. 1 vol. in-f°, rel.

117 — **Jobert**. La Science des médailles. Paris, 1739. 2 vol. in-12, rel.

118 — **Khell (Le P.)**. Ad numismata imperatorum romanorum aurea et argentea subplementum. Vienne, 1767. 1 vol. in-4°, rel.

119 — **Liebe (C.-S.)**. Gotha numaria, etc. Amsterdam, 1730. 1 vol. in-f°, rel.

120 — **Lindsay**. A view of the history and coinage of the Parthians. Cork, 1852. 1 vol. in-4°, 12 pl., cart.

121 — **Lipsius (Jean-Godefroy)**. Dissertations sur la rareté des médailles antiques, traduit de Jean Kinkerton. Dresde, 1795. 1 vol. in-4°, br.

122 — **Mionnet**. Description des médailles antiques. 6 vol., et supplément, 9 vol., en tout 15 vol. in-8°, reliés. Pl., 1 vol., br.
Le titre du tome I est manuscrit.

123 — **Morellius**. Thesaurus numismatum imperatorum. Amsterdam, 1752. 3 vol. in-f°, rel.

124 — **Neumann**. Populorum et regum numi veteres inediti. Vienne, 1779. 2 tomes en 1 vol. in-4°, rel.

125 — **Patin (Ch.)**. Imperatorum romanorum numismata. Strasbourg, 1671. 1 vol. in-f°, rel.

126 — **Potocki (Comte Jean)**. Principes de chronologie pour les temps antérieurs aux Olympiades. Saint-Pétersbourg, 1810. 1 vol. in-4°, rel.

127 — **Rasche (J.Ch.)**. Lexicon universæ rei numariæ, etc. Tomes I à V en 10 parties; tome VI, 1re partie. Leipzig, 1785. 11 vol. in-8°, rel,

128 — **Rollin et Feuardent**. Catalogue de monnaies grecques. 1re partie, Europe. Paris, 1862. — Catalogue de monnaies françaises. Paris, 1861. 2 vol., br.

129 — **Romanzoff (Comte de)**. Description d'une médaille de Spartocus. Saint-Pétersbourg, 1824. Une brochure in-8°.

130 — **Sabatier**. Monnaies byzantines. Paris, 1862. 2 vol. in-8°, br.

131 — **Sabatier**. Iconographie d'une collection de 5.000 médailles. Saint-Pétersbourg, 1847. 1 vol. in-f°, rel.

132 — **Saulcy (De)**. Essai de classification des suites monétaires byzantines. Metz, 1836. 1 vol. in-8° et 1 vol. in-4°. Atlas, 33 pl., rel.

133 — **Sestini**. Lettere et dissertazioni numismatiche, etc. Tome IX, 3 ex.

134 — **Sestini**. Classes generales seu moneta vetus urbium, etc. Florence, 1821. 1 vol. in-4°, 3 ex., br.

135 — **Spanheim**. Les Césars de l'empereur Julien. Amsterdam, 1728. 1 vol. in-4°, cart.

136 — **Visconti (Alex.)**. Indicazione delle medaglie antiche del Sr P. Vitali. Rome, 1805. 2 vol. in-4°, br.

137 — **Wiczay**. Musei Hedervarii, etc. Vienne, 1814. 2 vol. in-4°, pl., cart.

138 — Catalogues divers et manuscrits. 9 pièces.

139 — Quatre-vingt-seize cartons rouges, bordure dorée, 32×27, percés de trous de différentes grandeurs.

140 — Trente-deux tiroirs en bois, percés de trous de différentes grandeurs.

www.ingramcontent.com/pod-product-compliance
Lightning Source LLC
LaVergne TN
LVHW010823180726
843502LV00009B/3499